Marcus Erben

Kurzvortrag: Lessing und Theatererziehung

GRIN Verlag

Bibliografische Information der Deutschen Nationalbibliothek:

Die Deutsche Bibliothek verzeichnet diese Publikation in der Deutschen National-
bibliografie; detaillierte bibliografische Daten sind im Internet über http://dnb.d-
nb.de/ abrufbar.

Impressum:

Copyright © 2003 GRIN Verlag GmbH
Druck und Bindung: Books on Demand GmbH, Norderstedt Germany
ISBN: 978-3-638-93476-3

Dieses Buch bei GRIN:

http://www.grin.com/de/e-book/14943/kurzvortrag-lessing-und-theatererziehung

GRIN - Your knowledge has value

Der GRIN Verlag publiziert seit 1998 wissenschaftliche Arbeiten von Studenten, Hochschullehrern und anderen Akademikern als eBook und gedrucktes Buch. Die Verlagswebsite www.grin.com ist die ideale Plattform zur Veröffentlichung von Hausarbeiten, Abschlussarbeiten, wissenschaftlichen Aufsätzen, Dissertationen und Fachbüchern.

Besuchen Sie uns im Internet:

http://www.grin.com/

http://www.facebook.com/grincom

http://www.twitter.com/grin_com

Universität Würzburg
Lehrstuhl für Pädagogik II

Proseminar: Theater und Erziehung
WS 2001/02

Lessing und Theatererziehung

Marcus Erben

Germanistik (HF), Pädagogik (NF)
3. Semester

Inhaltsangabe   Seite

1. Die Absicht des Theaters, oder: „primitives Theater" vs. „philosophisches Theater"

Die *Hamburgische Dramaturgie* trägt mit ihrer von Lessing in der Aufklärung geprägten Methodik der Wahrheitssuche (Durch das Erkennen des Falschen zur Erkenntnis des Wahren.) und ihrer nationalpädagogischen Ambition, die der Etablierung eines Nationaltheaters in Deutschland, zu einem erzieherischen Gehalt bei. Diese Aspekte der Erziehung bei Lessing sollen im Referat keine Berücksichtigung finden, weil im Rahmen des Seminars „Theater und Erziehung" nicht das Pädagogische aus einem Buch herausgezogen oder als ein Pädagogisches befunden werden soll, sondern weil es darum geht, die erzieherische Wirkung des Theaters in der konkret gebliebenen Örtlichkeit des Theaters in Hinblick auf Lessing zu untersuchen. Das ist die Zielstellung des Referats, das über die poetologische Problematik lessingscher Diktion hinausweisen will, indem es immer wieder versucht, zwischen den einzelnen Überlegungen zum Theater bei Lessing auf erzieherische Fragen einzugehen, um Denkanstöße auszuloten, die dann während oder nach dem Vortrag diskutiert werden sollten. Deswegen werden neue Erkenntnisse, die sich durch Diskussion ergeben haben, im hier schriftlich ausformulierten Referat unmittelbar kursiv gekennzeichnet.

Im 18. Stück der *Hamburgischen Dramaturgie*[1] (im folgendem *HD* genannt) zitiert Lessing einen nicht näher benannten „französischen Kunstrichter" (*HD*, S. 101.), der die Tragödie explizit auffasst als Medium, in dem „die großen Handlungen wirklicher Helden zur Bewunderung und Nachahmung vor [ge] stellt [t] [werden] soll." (Ebd.) Jene Helden sind aus der Geschichte entnommen, die den Stoff für die Tragödie liefern. Die Tragödie ist dialogisierte Geschichte. Sie führt uns Helden, Heroen, Vorbilder par excellence vor. Und das Publikum lernt von ihnen, ahmt diese nach.

Wollte man die Bühne nun als eine Plattform betrachten, welche uns Heroen mit vorzüglichen Eigenschaften vorführt, die zur kritiklosen und zustimmungslosen Nachahmung reizen sollten, dann spräche man, hinsichtlich der Begrifflichkeiten „Nachahmung" und „Bewunderung", von einer primitiven Erziehung.[2] Diese Auffassung von Erziehung, die zu ihrem Kern eine auf bloße Nachahmung von Vorbildern gerichtete Erziehung hat, stand ganz am Anfang des abendländischen Denkens über Pädagogik. Dieser Ursprung der Pädagogik geht zurück auf die dem griechischen Dichterfürsten Homer zugeschriebenen Epen, die ja

---

[1] Die in den Klammern angegebenen Seitenzahlen beziehen sich auf die Ausgabe des Reclam-Verlages: Lessing, Gotthold Ephraim: Hamburgische Dramaturgie. Herausgegeben und kommentiert von Klaus L. Berghahn. Stuttgart: Reclam jun. 1999

[2] Die Argumentation stützt sich auf den Begriff „primitive Erziehung", den Herr Böhm in seinem Skript „Pädagogik" zu der im Sommersemester gehaltenen Vorlesung „Idee der Pädagogik" erläutert.

überwiegend Helden mit guten Eigenschaften thematisierten, an denen sich die Griechen ein Beispiel, ein Vorbild nehmen konnten. Homers Helden erzogen die Griechen. Nach Lessings „Kunstrichter" erzieht die Tragödie, in Analogiebildung zu Homer, das Publikum nach denselben Modalitäten von Erziehung, wie sie schon vor etwa 2500 Jahren angewendet wurden und entwirft damit eine Tragödienvorstellung, die man getrost in eine Kategorie des „primitiven Theaters"[3] stecken könnte.

Keine Frage: dieses das 18. Stück beschließende Zitat muss von Lessing korrigiert werden und Voraussetzung für ein eigenes Postulat über die Absicht und Wirkung des Theaters bilden.

Für Lessing ist die Geschichte lediglich Mittel zum Zweck. Es geht darum, Geschichte zu dramatisieren und nicht darum, die Geschichte um der Geschichte und deren herausragenden Protagonisten willen auf die Bühne zu bringen. Der Dichter benutzt sie nur für seinen zielgerichteten poetischen Zweck. Diese Funktionalisierung der Geschichte durch die Dichtung ebnet den Weg für das eigentliche, aber nicht einzige Ziel des Theaters, das Lessing in folgendem Satz ausdrückt und damit der Behauptung, die Bestimmung des Theaters sei ein „Panegyrikus" (*HD*, S. 103.), eine Abfuhr erteilt:

> „Auf dem Theater sollen wir nicht lernen, was dieser oder jener einzelne Mensch getan hat, sondern was ein jeder Mensch von einem gewissen Charakter unter gewissen gegebenen Umständen tun werde. Die Absicht der Tragödie ist weit philosophischer, als die Absicht der Geschichte [...]" (Ebd.)

Diese Aussage Lessings bedarf einer ausführlichen Erörterung. Für ihn liegt demnach die Absicht des Theaters nicht darin, einen historischen Nachahmungsdrang oder gar Nachahmungstrieb beim Publikum auszulösen, das sich ein Individuum („jener einzelne Mensch") zum Vorbild nimmt und es nachahmt. *Ein aufgeklärter Verstand, der sich aus Urteilskraft, vernünftigem und kritischem Denken konstituiert, verlöre damit seine Existenzberechtigung, weil ein auf primitive Erziehung basierendes Theater diese für Lessing notwendigen anthropologischen Voraussetzungen überhaupt nicht notwendig wären.* Was Lessing stattdessen fordert und nur wage mit „gewissen Charakter" und „gewissen gegebenen Umständen" wiedergibt, ist nur im Kontext der gesamten *HD* zu erfassen und soll hier kurz verständlich gemacht werden.

Im berühmten Tragödiensatz von Aristoteles wird die Tragödie unter anderem auch dadurch definiert, dass sie Handlungen nachahmt. („Nachahmung einer guten und sich geschlossenen

---

[3] Analogiebildung zu „primitive Erziehung"

Handlung."[4]) Dieses Mimesiskonzept verweist ursprünglich auf die Nachahmung der Natur. Damit ist beleibe nicht die empirisch zu erfassende und erfassbare Natur gemeint, sondern meint im Prinzip die Natur des Menschen, die Natur der Charaktere, die Natur der Handlungen. Lessing indes will diese Natur nicht stupide, einfach und nach naturalistischen Maßstäben nachahmen. Nun ist die von Lessing gedachte Natur aber viel zu komplex und undurchschaubar, als dass man sie 1:1 auf die Bühne in den Handlungen und Charaktere übertragen könnte, denn

> „in der Natur ist alles mit allem verbunden; alles durchkreuzt sich, alles wechselt mit allem, alles
> verändert sich eines in das andere. Aber nach dieser unendlichen Mannigfaltigkeit ist sie [die Natur] nur
> ein Schauspiel für einen unendlichen Geist." (HD, S. 361.)

Lessing will nun dieses komplexe, überdimensionierte Geflecht Natur auf „gewisse Charaktere" und „gewisse [...] Handlungen" reduziert wissen, um somit einen poetisch konstruierten Ausschnitt aus dem Ganzen der Wirklichkeit zu präsentieren. Einen Ausschnitt also, der der Dichter als poetische ganze (!) Wirklichkeit konstruiert, die in sich eine wahrscheinliche Kausalität von Ursache und Wirkung trägt, aber der Poet eben durch dies Reduktion erkennen lässt, was das Wesen der Dinge ist oder das Allgemeine des Menschen („jeder Mensch"(!)) überhaupt ausmacht. Das Wesen des Menschen ist demzufolge nicht in der nicht zu durchschauenden Natur zu entdecken. Nur in der Poesie vermag man, das Allgemeine zu zeigen, während das Besondere, also das Individuelle, der Geschichte vorbehalten bleibt. Der Poesie wird dann die alleinige, verantwortungsreiche Aufgabe zugeteilt, das Wesen der Dinge erkennbar zu machen. „Die Absicht der Tragödie ist weit philosophischer..." Jetzt wissen wir, wie philosophisch diese Absicht ist.[5]
Trotzdem: für Lessing ist die Wirkung des Theaters wichtiger als die Absicht, das Wesen des Menschen in der Poesie erfahrbar zu machen. Warum das so ist, wird vor allem in der Behandlung der Tragödie evident.
Wäre dann aber die Poesie, die Kunst schlechthin, nicht angehalten, auch das Wesen der Erziehung zu erkennen? Könnte man denn nicht die pädagogische Wirklichkeit auf „gewisse Handlungen" aus den vielfältigen pädagogischen Handlungsweisen, auf „gewisse Charaktere [Erzieher und Zögling?]" reduzieren, indem man pädagogische Handlungsmuster in einer poetisch konstruierten Erziehungswirklichkeit umsetzt? Hat denn nicht Rousseau, indem er

---

[4] Aristoteles. Poetik. Griechisch/Deutsch. Übersetzt und herausgegeben von Manfred Fuhrmann. Stuttgart: Reclam jun. 2001, S. 19.
[5] Vgl. diesen Sinnabschnitt auch mit: Dreßler, Thomas: Dramaturgie der Menschheit – Lessing. Stuttgart; Weimar: Metzler 1996, S. 75 – 76.

Erziehung poetisierte, das Wesen der Erziehung dargestellt? Dies sind interessante Fragen, deren Beantwortungen freilich nicht hier zur Debatte stehen. Ich möchte aber noch anfügen, dass nur derjenige die Welt verändern kann, der fragt, und nicht der, der sie am besten beschreibt!

1.1 Beschaffenheit der Charaktere und der Handlungen

Wie müssen aber jetzt diese Charaktere und Handlungen beschaffen sein, damit sie wirken und Identifizierung des Zuschauers mit ihnen schafft, was ja mit obigen Satz („ [...] lernen, [...] was ein jeder Mensch von einem gewissen Charakter [...]") impliziert wird?
Zunächst einmal legt Lessing den Charakter als ein konstantes, als konsistentes Gebilde fest. Er soll „einförmig" sein, jemand, der sich „selbst ähnlich bleiben muss." (*HD*, S. 177.) Es darf sich in ihm nichts widersprechen. Der Dichter hat dann mit dem Charakter eine bestimmte Absicht, die er uns Kraft des Charakters unterrichtet. Durch den Charakter wirkt der Dichter. Fehlt ihm „das Unterrichtende" (*HD*, S. 179.), so fehlt ihm

> „ [...] die Absicht, uns zu unterrichten, was wir zu tun oder zu lassen haben; die Absicht, uns mit den eigentlichen Merkmalen des Guten und Bösen, des Anständigen und Lächerlichen bekannt zu machen; die Absicht, uns jenes in allen seinen Verbindungen und Folgen als schön und als glücklich selbst im Unglücke, dieses hingegen als hässlich und unglücklich selbst im Glücke zu zeigen; die Absicht...[usw.]"

Mit diesem dramatischen Grundgerüst Übereinstimmung (der Charaktere) und Absicht (des durch die Schauspieler oder den Charakter wirkenden Dichters) ausgestattet, werden uns die Charaktere auf der Bühne vor Augen geführt. Da diese intentionale Vorbereitung durch den Dichter die Handlung, laut Lessing, zwangsläufig kausal entstehen lässt, identifiziert sich der Zuschauer mit den dargestellten Charakteren, weil diese nach aller Wahrscheinlichkeit nicht anders handeln können, als sie tatsächlich handeln, so

> „daß wir überall nichts als den natürlichsten, ordentlichsten Verlauf wahrnehmen; daß wir bei jedem Schritte, den er [der Dichter] seine Personen tun lässt, bekennen müssen, wir würden ihn, in dem nämlichen Grade der Leidenschaften, bei der nämlichen Lage der Sachen, selbst getan haben; daß uns nichts befremdet, als die unmerkliche Annäherung eines Zieles, von dem unsere Vorstellungen zurückbeben, und an dem wir uns endlich, voll des innigsten Mitleids gegen die, welche ein so fataler Strom dahinreißen, Dinge zu begehen, die wir bei kaltem Geblüte noch so weit von uns entfernt zu glauben." (*HD*, S. 167.)

Um der Dreidimensionalität pädagogischen Denkens in diesem Zusammenhang gerecht zu werden, wenden wir die drei Fragen nach dem Menschen, dem Ziel und der Methodik, die zu diesem Ziel führen soll, an jener Theaterwirklichkeit an, wie sie sich Lessing grundsätzlich denkt, ohne auf die besonderen Theatergattungen, Komödie und Tragödie, einzugehen, die jede für sich eine eigene Dreidimensionalität besitzen.

Wer ist der Mensch? Lessing begreift den Menschen als ein noch im Wesen zu erkennendes Gebilde. Er wird dadurch definiert, das er erst dann Mensch ist, wenn man weiß, was er im Wesentlichen ist. Mit den Rahmenbedingungen Charaktere und Handlungen, ergibt sich bei Lessing ein Menschenbild, welches zu tiefst poetisch ist. Das heißt, dass sich dieser (Selbst)Erkenntnisprozess des Zuschauers nur zwischen einer poetischen Realität auf der Bühne und dem Publikum vollzieht.

Was soll der Mensch? Hier wären wir bei der Zielvorstellung, die das Theater bei Lessing verfolgt. Dabei geht es um die Identifizierung der Zuschauer mit den Personen. Und um dieses Ziel (nämlich das der Identifizierung) zu erreichen, entsteht als letztes die Frage:

Wie soll der Mensch zu diesem Ziel gebracht werden? Die Wirkungsmächtigkeit dieser Methode legt Lessing in den Handlungen und Charakteren auf der Bühne fest. Demnach sollen auf ihr absichtsvolle Handlungen von mit sich selbst übereinstimmenden Charakteren gezeigt werden. Alles muss wahrscheinlich bleiben, wir müssen „nichts als den natürlichsten ordentlichsten Verlauf wahrnehmen."(s.o.)

2. Die Wirkung des Theaters: Komödie und Tragödie

2.1 Die Komödie

Lessing mach hinsichtlich der Wirkung der Komödie einen Unterschied zwischen „lachen" und „verlachen." (*HD*, S. 150.) Mit „lachen" meint Lessing „über jemanden lachen." Der Zuschauer lacht über eine Personen, ohne sie zu verachten, während „verlachen" das Gegenteil meint: auslachen.

Der wahre allgemeine Nutzen der Komödie liegt bei Lessing im Lachen selbst. Denn durch das Lachen, „bemerken" (*HD*, S. 151.) wir erst das Lächerliche. Dies ist ein Erkenntnisprozess, der sich im Zuschauer vollzieht. Es heißt, dass Lächerliche[6] zu erkennen,

---

[6] Was ist überhaupt das Lächerliche? Wodurch entstehen lächerliche Situationen? Das wesentliche Moment der Komödie ist die Ironie. Die Ironie entsteht durch die Erkenntlichmachung der Diskrepanz zwischen Schein und Sein. Ähnlich verhält es sich mit der Definition der Komik: Eine Diskrepanz zwischen einer Vorstellung, die man sich über ein Geschehen macht und eines tatsächlichen Geschehnisses. Diese Diskrepanz bleibt jedoch folgenlos. Diese Diskrepanzen machen auch das Lächerliche aus. Beispiel: Wir kennen die lächerliche Situation, in der ein Mann, welcher ein Toupet trägt, selbiges verliert. Der neutrale Beobachter lacht. Warum? Es scheint,

um es später in realen Situationen zu vermeiden. „Bemerken." Das ist es, worauf es Lessing ankommt. Dadurch wird der Mensch gebessert, weil er lernt, Lächerliches zu vermeiden. Auffällig ist freilich, welch große Bedeutung Lessing der Wirkung (Lachen) beimisst. In der Tragödie genießt ja die Erregung von Leidenschaften höchste Priorität. Ihr Pendant ist dann im Lachen der Komödie zu suchen. Letztendlich geht es darum, den Zuschauer zu bessern (Ziel), der dabei wiederum als ein erkennendes (vernunftmäßiges, aufgeklärtes) Wesen vorausgesetzt wird. Und durch die Methodik des Lachens soll diese Verbesserung gelingen.

2.2 Die Tragödie

Lessing schreibt der Tragödie ohne Zweifel eine Wirkungsmächtigkeit zu, die im Kern auch eine erzieherische ist, ja, eine erzieherische sein will. Die Tragödie hat nicht nur eine Absicht, die nach obiger Erkenntnis eine philosophische ist, sie soll auch, wie die Komödie, wirken. Diese Wirkungsmächtigkeit, die Erregung von tragischen Leidenschaften, ist uns schon aus dem Tragödiensatz des Aristoteles bekannt, der die Affekte eleos und phobos nennt, die vom Altphilologen Manfred Fuhrmann mit homöophatischer Konnotation in „Jammer" und „Schaudern"[7] übersetzt. Die Übersetzungen von Michael Conrad Curtis von 1753 und dem französischen Kommentator André Dacier, auf die Lessing sich grund legt, führen Mitleid und Schrecken an. Lessing aber ersetzt Schrecken durch Furcht, beruft sich auf Aristoteles, den er allerdings, nicht als einziger, falsch interpretiert, und geißelt die gängige Übersetzungspraxis:

> „Das Wort, welches Aristoteles braucht, heißt Furcht: Mitleid und Furcht, sagt er, soll die Tragödie erregen; nicht Mitleid und Schrecken." (*HD*, S. 397 – 80.)

Was macht aber Lessing mit dem Begriff Schrecken? Diesen eliminiert er nicht und will ihn notwendig für die Tragödie erhalten:

---

als hätte dieser Mann Haare (Schein), in Wirklichkeit (Sein) aber hat er eine Glatze. Folge: Es entsteht eine Diskrepanz zwischen Schein und Sein wie sie im Buche steht. Dasselbe können wir auch von der Definition der Komik sagen: Wir machen uns eine Vorstellung darüber, wie ein Mann in einer bestimmten Situation auszusehen hat, werden aber jäh in die Wirklichkeit gerissen. Wenn Lessing also sagt, wir sollen das Lächerliche erkennen („Jede Ungereimtheit, jeder Kontrast von Mangel und Realität ist lächerlich." *HD*, S. 150.), so meint er, wir sollen die Ironie, die Komik der dargestellten Situation erkennen.

[7] Aristoteles. Poetik 2001

„Das Schrecken entspringt ohnstreitig aus einem Gefühl der Menschlichkeit [!]: denn jeder Mensch ist ihm [dem Schrecken] unterworfen, und jeder Mensch erschüttert sich, vermöge dieses Gefühls, bei den widrigen Zufalle eines andern Menschen." (*HD*, S. 380 – 81.)

Lessing denkt sich die Leidenschaft Schrecken unter der Leidenschaft Mitleid einfach mit. Ordnet den Schrecken der Kategorie des Mitleids zu.

„Dieses Schrecken, welches uns bei der plötzlichen Erblickung eines Leidens befällt, das einem anderen bevorstehet, ist ein *mitleidiges Schrecken* und als schon unter dem Mitleide begriffen." (*HD*, S. 381.)

Welche Konsequenzen ergeben sich nun für die Prioritätengewichtung der Leidenschaften aus den modifizierten Begriffsbestimmungen? Lessing will unter Furcht nicht die Furcht um einen anderen, der in ein Unglück geraten ist, verstanden wissen. Die Furcht entspringt vielmehr daraus, dass der Zuschauer die Ähnlichkeit mit dem Leidenden erkennt, dass der Zuschauer aus dieser Ähnlichkeit vernimmt, ihn könne ebensolches Leid, ein ebensolches Unglück ereilen:

„Mit einem Worte: diese Furcht ist das auf *uns selbst bezogene Mitleid*." (*HD*, S.383.)

Lessing zieht das Mitleid der Furcht vor, indem er diese, analog zu Schrecken und Mitleid, in das „selbst bezogene Mitleid" umdeutet. Furcht ist nur der Auslöser einer Leidenschaft, die nur auf uns selbstbezogen ist. Die hier genannten Leidenschaften, Furcht und Mitleid, entwickeln sich aus der dramatischen Beschaffenheit der Handlungen und der Charaktere und werden im Zuschauer erregt. Was wir vorher unter Übereinstimmung und Absicht von Handlungen und Charakteren als Voraussetzung für die Identifizierung mit jenen betrachtet haben, wird jetzt mit den ausgelösten Affekten der Tragödie zusammengeführt: Nur mit jenen kann man mit-leiden, die uns in ihrem Wesen ähnlich sind. Dieses Gleichheitsprinzip bedeutet ja nichts anderes, als dass der Dichter den Unglücklichen

„vollkommen so denken und handeln lasse, als wir in seinen Umständen würden gedacht und gehandelt haben, oder wenigsten glauben, daß wir hätten denken und handeln müssen: kurz, wenn er ihn mit uns von gleichem Schrott und Korne schildere." (*HD*, S. 385.)

Diese geflügelten Worte „von gleichem Schrott und Korne" sind erst die Ursache für die Furcht, die in ein selbstbezogenes Mitleid mündet. In diesen die Identifikation bemühenden Worten legitimieren sich erst die dramatischen Leidenschaften, die dramatischen Affekte namens Furcht und Mitleid.

Nachdem wir die beiden Begriffe gemäß Lessing poetologisch und, was uns in Hinblick auf die erzieherische Wirkung der Tragödie wichtiger ist, wirkungsästhetisch verortet haben, wenden wir uns dem pädagogisch hochinteressanten Endzweck der Tragödie zu. Dabei können wir analog zum Tragödiensatz des Aristoteles verfahren und sagen: Die Tragödie soll durch tragische Handlungen ihrer Charaktere Leidenschaften, Affekte beim Zuschauer erzeugen, und zwar nur diese Leidenschaften, Mitleid und Furch genannt, um zur Reinigung derselben zu gelangen, an deren Ende die „Verwandlung der Leidenschaften in tugendhafte Fertigkeiten" (*HD*, S. 401.) steht. Die Leidenschaften müssen auf ein Mittelmaß geführt werden, so dass auch der gereinigt wird, der zuviel Furcht bzw. Mitleid und umgekehrt zu wenig Furcht bzw. Mitleid empfindet. Aber was heißen denn überhaupt „tugendhafte Fertigkeiten?" Taugen wir zu mehr, wenn wir das Theater verlassen, oder ist damit die Ausbildung zu Moralität und Sittlichkeit gemeint? Was Lessing unter „tugendhaften Fertigkeiten" versteht, ist nicht anderes als die Fähigkeit mit-menschlich, mit-leidend zu sein. In erster Linie natürlich meint er Mitmenschlichkeit (Philanthropie). Das Theater ist „die Schule der moralischen Welt" (*HD*, S. 18.), in der Mitleid erfahren, eingeübt und anschließend in der bürgerlichen Welt fruchtbar angewendet wird. Mitleid im Theater ist Erziehung zur Mitmenschlichkeit, Toleranz. Die Tugend, die Lessing anführt, ist als Kompetenz der natürlichen Moralität, die im Mitleiden besteht, verstanden.

Abschließend und zusammenfassend die Einordnung der Tragödie in die Dreidimensionalität pädagogischen Denkens. Wer ist der Mensch? Der Mensch (d.h. der Zuschauer) muss der Logik entsprechend in der Tragödie als empfindsames Wesen aufgefasst, vorausgesetzt werden, sonst lassen sich in ihm keine Affekte erregen, um das telos „tugendhafte Fertigkeiten" zu erreichen. Die Methode zu diesem Ziel besteht, wie eben erläutert, in der Erregung der Leidenschaften.

Zusammenfassung: Die Absicht des Theaters ist eine Philosophische: Das Wesen des Menschen darzustellen. Die Wirkung des Theaters besteht in der Erregung von Leidenschaften (lachen, Mitleid & Furcht), die, werden sie erregt, den Menschen bessern sollen. Ob es einen kausalen Zusammenhang zwischen erregten Leidenschaften (Emotionalität) und ausgebildeter Tugendhaftigkeit (Moralität) gibt, bleibt zweifelhaft.

Wäre die Erziehung in diesen Zusammenhang eingebettet, begriffe man also Erziehung nur unter dem Diktat eines auf bloße Ursache-Wirkung zurückgeführten Prinzips, das die Freiheit, den freiheitlichen Willen jedes Individuums nicht berücksichtigt, weil diese, die Freiheit, für diese Kausalität nicht von Belang ist, läge in dieser Hinsicht überhaupt keine Erziehung vor. Die Wirkung wäre wohl erreicht, nämlich Moralität herzustellen. Ist aber

diese Moralität nicht aufgezwungen worden? Ist es Erziehung, wenn man glaubt, man habe
einen erzieherischen Erfolg zu verbuchen, der jedoch die Freiheit des zu Erziehenden raubt?[8]

3. _Das_ Wesen des Menschen – ein Epilog

Mensch! Nun sage wer du bist!

Zeig mir, was dein Wesen ist!

Schau an, kannst es mir nicht sagen.

Muss ich jemand anders fragen.

Will es jetzt und endlich finden.

Mich deshalb poetisch schinden.

Will es zeigen nur im Reime.

Setzen dich ins wahre Reine.

Halt! Um ganz genau zu sein,

Setz ich dich in einen Reim:

Wesen hat ein jeder Mensch;

Wesen ist für uns nur Lensch.

Wesen ist für uns nur Hensch.

Wesen ist für uns nur ...

---

[8] Ich sage zu einem Kind, dass es auf die Toilette gehen soll, obwohl es nicht muss. Jetzt kann ich mit jeder erzieherischen Raffinesse das Kind dazu bringen, auf die Toilette zu gehen. Ich habe einen erzieherischen (zweifelhaften) Erfolg errungen, doch damit die Freiheit des Kindes abgewürgt. Wer mag jetzt noch behaupten, ich hätte erzieherisch gehandelt?

4. Bibliographie

Quellen:

Lessing, Gotthold Ephraim: Hamburgische Dramaturgie. Herausgegeben und kommentiert von Klaus L. Berghahn. Stuttgart: Reclam jun. 1999

Aristoteles: Poetik. Griechisch/Deutsch. Übersetzt und herausgegeben von Manfred Fuhrmann. Stuttgart: Reclam jun. 2001

Forschungsliteratur:

Böhm, Winfried: Pädagogik. Sommer 2002 (Skript zur im Sommersemester gehaltenen Vorlesung „Idee der Pädagogik.")

Dreßler, Thomas: Dramaturgie der Menschheit – Lessing. Stuttgart; Weimar: Metzler 1996